LIEBE

Copyright © Parragon Books Ltd

Entwurf und Realisation:
Pink Creative Ltd

Alle Rechte vorbehalten. Die vollständige oder auszugsweise Speicherung, Vervielfältigung oder Übertragung dieses Werkes, ob elektronisch, mechanisch, durch Fotokopie oder Aufzeichnung, ist ohne vorherige Genehmigung des Rechteinhabers urheberrechtlich untersagt.

Copyright © für die deutsche Ausgabe
Parragon Books Ltd
Chartist House
15–17 Trim Street
Bath BA1 1HA, UK
www.parragon.com

Realisation der deutschen Ausgabe:
trans texas publishing, Köln
Bearbeitung: Ralf Burau, Mönchengladbach

ISBN 978-1-4748-0335-9
Printed in China

LIEBE

Ein besonderes Geschenk von mir für Dich

Bath · New York · Cologne · Melbourne · Delhi
Hong Kong · Shenzhen · Singapore · Amsterdam

Das einzig Wichtige im Leben sind die Spuren der Liebe, die wir hinterlassen, wenn wir gehen.

Albert Schweitzer

Das Beste an mir bist du.

Shannon Crown

Ein Kuss ist das, was von der Sprache des Paradieses übrig geblieben ist.

Joseph Conrad

Jugend ist von kurzer Dauer, Schönheit vergänglich wie eine Blume. Aber die Liebe ist ein Juwel, das die Welt für sich gewinnt.

Moira O´Neill

Schönheit erhascht deine Aufmerksamkeit, aber Persönlichkeit erhascht dein Herz.

Unbekannt

Denn das Glück, geliebt zu werden, ist das höchste Glück auf Erden.

Bettina von Arnim

Nicht dass ich **liebe** macht mich glücklich, sondern dass ich **dich** liebe macht mich **glücklich.**

Unbekannt

Das Paradies ist immer, wo die Liebe wohnt.

Jean Paul F. Richter

Der Mensch ist so viel Mensch, wie er liebt.

Alfred Delp

Ein liebendes Herz bleibt ewig jung.

Griechisches Sprichwort

Gerade wenn ich glaube, dass es nicht **möglich** sein kann, dich noch mehr zu lieben, beweist du mir das **Gegenteil.**

Unbekannt

Meine Liebe zu dir ist eine Reise — beginnend bei für immer und endend im Nimmer.

Unbekannt

Komm, lass uns das perfekte Verbrechen begehen:

Ich stehl dein Herz und du stiehlst meins.

Unbekannt

Kein Mann ist deiner Tränen wert, und wenn du einen Mann findest, der es ist, wird er dich niemals zum Weinen bringen.

Unbekannt

Ohne dich habe ich nichts,
aber mit dir habe ich alles.

Unbekannt

Wo große **Liebe** ist, gibt es immer auch große **Wunder**.

Willa Cather

Für die Welt bist du irgendjemand, aber für irgendjemand bist du die Welt.

Erich Fried

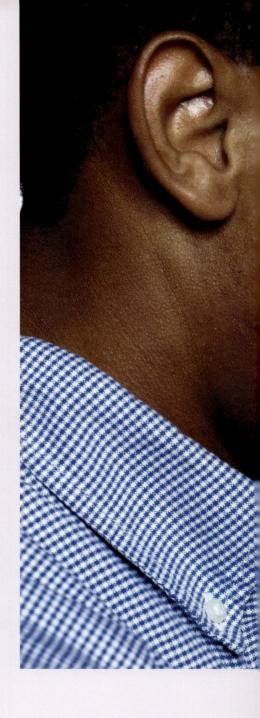

Liebende schließen beim **Küssen** die Augen, weil sie mit dem **Herzen** sehen möchten.

Daphne du Maurier

Die Liebe lebt von liebenswürdigen Kleinigkeiten.

Theodor Fontane

Ich möchte in deinen Armen liegen, wo du mich festhältst und nie wieder loslässt.

Unbekannt

Ohne deine Liebe bringe ich nichts zuwege, mit deiner Liebe gibt es nichts, was ich nicht zuwege bringen kann.

Unbekannt

Tu alles mit Liebe.

Og Mandino

Liebe ist nichts, was du findest. Liebe ist etwas, was dich findet.

Loretta Young

Ein Herz muss Hände haben,
die Hände ein Herz.

Tibetisches Sprichwort

Wir saßen Seite an Seite

im Morgenlicht

und blickten auf

unsere gemeinsame

Zukunft.

Brian Andres

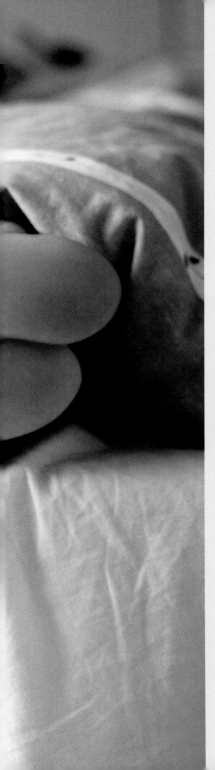

Du weißt, dass du liebst, wenn du nicht einschlafen kannst, weil die Realität endlich besser ist als deine Träume.

Dr. Seuss

Alter schützt vor Liebe nicht, aber Liebe schützt bis zu einem gewissen Grad vor Alter.

Jeanne Moreau

Woraus auch immer unsere Seelen gemacht sind,
seine und meine sind dieselben.

Emily Brontë

Das Wesen der **Liebe** ist, miteinander **lachen** zu können.

Françoise Sagan

Einzeln sind wir
Worte, zusammen
ein Gedicht.

Georg Bydlinski

Der beste Teil vom Leben eines guten Menschen sind die kleinen, ungenannten, vergessenen Taten aus Freundlichkeit und Liebe.

William Wordsworth

Werd mit mir gemeinsam alt,
das Beste kommt noch.

Robert Browning

Ich bin so **verliebt,** dass jedes Mal, wenn ich dich anschaue, meiner Seele **schwindlig** wird.

Jesse Tyler

Wo Liebe ist, da ist auch Leben.

Indira Gandhi

Wenn ich trotzdem weiß,

was Liebe ist, so ist es
deinetwegen.

Hermann Hesse

Ich liebe dich nicht dafür, was du bist, sondern dafür, was ich bin, wenn ich mit dir zusammen bin.

Roy Croft

Man sieht nur mit dem Herzen gut. Das Wesentliche ist für Augen unsichtbar.

Antoine de Saint-Exupéry

In dem geistigen Einklang, der zwischen Mann und Frau entstehen kann und Liebe genannt wird, liegt die wahre Schönheit.

Khalil Gibran

Solange du mich im Arm hältst, bin ich vor allem Leid sicher.

Unbekannt

Die Liebe sieht durch die Fantasie, nicht durch die Augen, und deswegen wird der goldbeschwingte Amor blind gemalt.

William Shakespeare

Hundert Herzen wären zu wenige,
um all meine Liebe für dich zu fassen.

Unbekannt

Seele begegnet Seele auf den Lippen Liebender.

Percy Bysshe Shelley

Man heiratet nicht jemanden, mit dem man zusammenleben kann – man heiratet die Person, ohne die man nicht leben kann.

Unbekannt

Nun vereint eure Hände, und mit den Händen eure Herzen.

William Shakespeare

All you need is love.

John Lennon

Bildnachweis

S. 4–5 © Christopher Wurzbach/Getty; S. 6–7 © B. Blue/Getty; S. 8–9 © David De Lossy/Getty; S. 10–11 © Marcy Maloy/Getty; S. 12–13 © Rolf Bruderer/Getty; S. 14–15 © Marcus Lund/Getty; S. 16–17 © Thomas Barwick/Getty; S. 18–19 Sri Maiava Rusden/Getty; S. 20–21 © Chris Ted/Getty; S. 22–23 © Sollina Images/Getty; S. 24–25 © Tom Merton/Getty; S. 26–27 © Cultura/Getty; S. 28–29 © JonPaul Douglass/Getty; S. 30–31 © kevinruss/Getty; S. 32–33 © Madeleine Stevens/Getty; S. 34–35 © Thomas Barwick/Getty; S. 36–37 © rubberball/Getty; S. 38–39 © Plush Studios/Getty; S. 40–41 © Dragan Todorovic/Getty; S. 42–43 © Thomas Barwick/Getty; S. 44–45 © Walter Sanders/Getty; S. 46–47 © Thomas Barwick; S. 48–49 © DreamPictures/Getty; S. 50–51 © Lauri Rotko/Getty; S. 52–53 © Reggie Casagrande/Getty; S. 54–55 © Lauri Rotko/Getty; S. 56–57 © Ojo Images/Getty; S. 58–59 © Priscilla Gragg/Getty; S. 60–61 © Cultura/Zero Creatives/Getty; S. 62–63 © Karan Kapoor/Getty; S. 64–65 © Bree Walk/Getty; S. 66–67 © Peter Cade/Getty; S. 68–69 © Cavan Images/Getty; S. 70–71 © Cavan Images/Getty; S. 72–73 © Adam Burn/Getty; S. 74–75 © ack Hollingsworth/Getty; S. 76–77 © Dennis Hallinan/Getty; S. 78–79 © Rolf Bruderer/Getty; S. 80–81 © Betsie van der Meer/Getty; S. 82–83 © momentimages/Getty; S. 84–85 © David H. Collier/Getty; S. 86–87 © momentimages/Getty; S. 88–89 Paul Burns/Getty; S. 90–91 © Thomas Barwick/Getty; S. 92–93 © Philip and Karen Smith/Getty; S. 94–95 © GAP Photos/Getty.